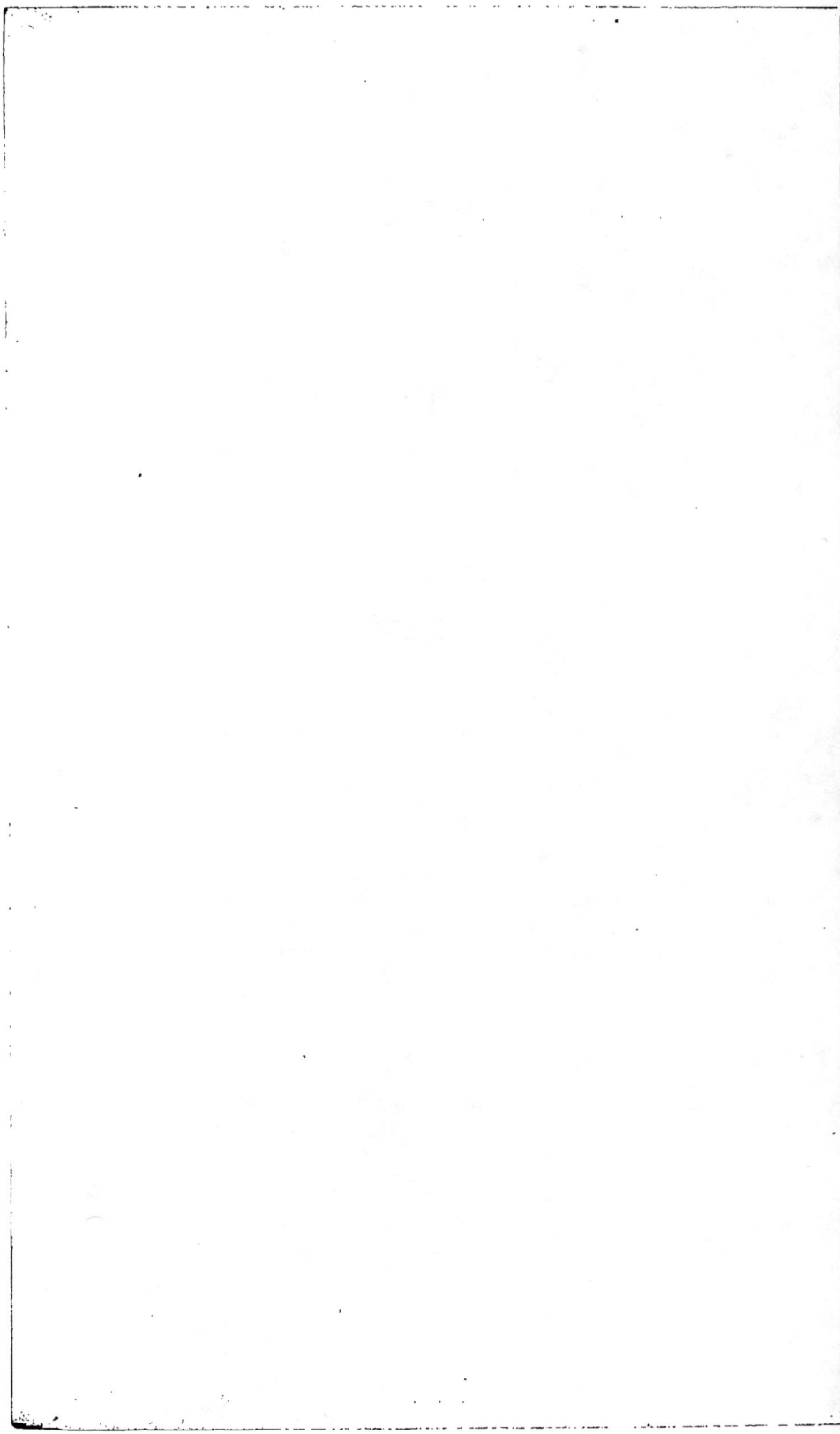

# LE
# 20ᴇ CORPS

A

## L'ARMÉE DE LA LOIRE

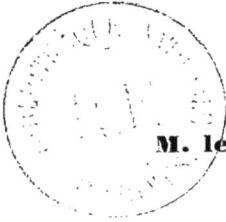

PAR

**M. le général CROUZAT**

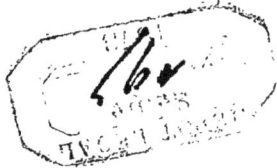

*Extrait du* **Journal des Sciences militaires.**
(Janvier 1873.)

PARIS

IMPRIMERIE ET LIBRAIRIE MILITAIRES

**J. DUMAINE**

RUE ET PASSAGE DAUPHINE, 30

1873

Paris. — Imprimerie de J. DUMAINE, rue Christine, 2.

# LE 20ᴱ CORPS

## A L'ARMÉE DE LA LOIRE.

Le 20ᵉ corps fut formé à Chagny, le 15 novembre 1870, avec des troupes qui provenaient de la 1ʳᵉ armée de l'Est. Cette armée avait déjà vu le feu dans les Vosges : à la Bourgonce, à Cussey et à Châtillon-le-Duc, devant Besançon, sous les ordres du général Cambriels. C'étaient tous jeunes mobiles ou jeunes soldats de l'armée régulière, en général mal armés, mal équipés, et qui n'avaient aucune instruction militaire. Mais la patrie était envahie, ravagée, foulée aux pieds ; nos villes étaient rançonnées, nos villages incendiés, nos paysans fusillés ; il fallait donc lutter et combattre jusqu'au bout, et si nous ne pouvions vaincre, sauver tout au moins le vieil honneur de la France.

Au général Cambriels avait succédé pendant quelques jours le général de cavalerie Michel. C'est de ce dernier que je reçus le commandement de l'armée, à Besançon, le 8 novembre au matin, au moment où elle se mettait en marche pour Chagny.

L'ennemi était en force à Gray, Dijon, s'étendant jusqu'à Pesmes, Auxonne et près de Dôle, que venait d'évacuer le général Garibaldi. Afin d'être certain d'arriver à Chagny sans encombre, je dirigeai l'armée par la rive gauche du Doubs et de la Loue, par Quingey, Mouchard, Mont-sous-Vaudrey, Pierre et Verdun. A Pierre, le télégraphe m'annonça la victoire de Coulmiers. Je la fis connaître aux troupes par un ordre du jour. Elle excita un grand enthousiasme. Ce jour-là nos cœurs furent consolés et espérèrent.

Le 14, l'armée était à Chagny.

Cette marche par étapes avait fait le plus grand bien aux troupes. Hommes et chevaux s'étaient débourrés, allégés, habitués à marcher. J'avais exigé que les divisions marchassent comme en campagne, avec leur artillerie au centre, en s'éclairant, se gardant et dans le plus grand ordre. Ç'avait donc été tout à la fois une excellente instruction et un exercice des plus salutaires pour les officiers et pour les soldats.

Ce n'était qu'avec la plus grande répugnance que je m'éloignais de Besançon avec l'armée. Je le télégraphiai le soir même de Quingey. En effet, de Besançon nous tenions l'ennemi en échec, nous l'empêchions de s'étendre trop au loin vers le sud et l'ouest, et si, autour du noyau très-respectable que nous formions déjà, une grosse armée un peu solide parvenait à se constituer, nous étions à quatre pas des Vosges ou de Langres *sur les lignes de communication de l'envahisseur*. Qu'on se représente l'effet qu'aurait produit une victoire de Coulmiers gagnée aux environs de Langres! La France aurait fait peut-être avec succès au mois de novembre ce que Bourbaki essaya de faire plus tard au mois de janvier! Mais la grande guerre est une chose difficile, dont les principes sont bien connus, mais qu'il faut cependant apprendre.

L'ennemi se sentait si peu en sûreté à Dijon, alors qu'il savait des forces assez considérables à Besançon, qu'en apprenant notre présence dans le voisinage de Dôle, il crut à une attaque sur son flanc gauche, et il s'empressa d'évacuer Dijon et de se replier sur Gray. Quand il nous sut à Chagny, il revint à Dijon.

A Chagny, je trouvai 15,000 à 20,000 hommes qui avaient pour mission de couvrir Lyon et le chemin de fer du Centre. Ces troupes étaient commandées par le colonel Bonnet, un excellent officier d'infanterie, qui avait quitté la retraite pour faire la guerre de la défense nationale.

Deux jours avant d'arriver à Chagny, j'avais reçu l'ordre de former, avec l'armée de l'Est, un corps d'armée de 3 divisions d'infanterie qui prendrait le numéro 20. Une partie des troupes de Bonnet devait fournir une brigade pour le 18e corps, alors en formation à Nevers.

N'ayant en tout que trois généraux de brigade, dont deux à titre auxiliaire, je fus autorisé à présenter des officiers supérieurs pour être nommés généraux de brigade *à titre auxiliaire* pour commander des divisions, ou colonels *à titre auxiliaire* pour commander des brigades.

Je fus moi-même nommé général de division *à titre provisoire*.

Mes propositions ayant été agréées, le 20e corps se trouva constitué de la manière suivante :

Commandant en chef, général CROUZAT (général de brigade de l'armée régulière), général de division à titre provisoire.

Chef d'état-major général, colonel VARAIGNE (armée auxiliaire), chef de bataillon du génie (armée régulière).

Commandant de l'artillerie, colonel CHATILLON (armée régulière).

Commandant du génie. colonel PICOLET (armée régulière).

Intendant en chef, M. CROISET, intendant militaire (armée régulière).

Grand prévôt, capitaine ROLLIN (armée régulière).

Service télégraphique, M. JOULIN.

### PREMIÈRE DIVISION D'INFANTERIE
12,800 *hommes.*

Général DE POLIGNAC (armée auxiliaire).

Chef d'état-major, commandant DE TRUCHIS DE LAYS (armée auxiliaire).

Commandant de l'artillerie, chef d'escadron PARIS (armée régulière).

Commandant du génie, capitaine NICOLAS (armée régulière).

Intendant, M. PERRET, sous-intendant militaire (armée régulière).

Première ambulance lyonnaise, docteur OLLIER.

Prévôt, capitaine COTTON.

#### PREMIÈRE BRIGADE.

Colonel BOISSON (armée auxiliaire), lieutenant-colonel (armée régulière).

Mobiles de la Loire, 2 bataillons, lieutenant-colonel POYETON.

85ᵉ d'infanterie, 2 bataillons, lieutenant-colonel GAUDON.

Mobiles du Jura, 2 bataillons, lieutenant-colonel DE MONTRAVEL.

#### DEUXIÈME BRIGADE.

Colonel BRISAC (armée auxiliaire).

Mobiles de la Haute-Loire, 3 bataillons.

Mobiles de la Haute-Garonne, 2 bataillons, lieutenant-colonel DE SARMEJANES.

Mobiles de Saône-et-Loire, 1 bataillon, commandant BERTHOD.

Compagnie des francs-tireurs du Haut-Rhin, colonel KELLER et commandant DE LUPPÉ.

Cavalerie, 2ᵉ régiment de marche de lanciers, lieutenant-colonel DE BRASSERIES.

Artillerie, 2 batteries de 4 (13ᵉ et 14ᵉ batteries du 3ᵉ), capitaines PARIS et LEBOURG.

Génie, 1 compagnie (2ᵉ compagnie du 3ᵉ bataillon de la Loire), capitaine DRAPEAU.

### DEUXIÈME DIVISION D'INFANTERIE
9,300 *hommes.*

Général THORNTON, général de brigade de l'armée régulière.

Chef d'état-major, chef d'escadron d'état-major DE VERDIÈRE (armée régulière).

Commandant de l'artillerie, X...

Commandant du génie, chef de bataillon REVEL DE BRETTEVILLE (armée régulière).

Intendant, M. TASTAVI, sous-intendant militaire.

Ambulance de Saône-et-Loire.

Prévôt, X...

### PREMIÈRE BRIGADE.

Capitaine de vaisseau AUBÉ.

Mobiles des Deux-Sèvres, 3e bataillon, lieutenant-colonel ROUGET.

Mobiles de la Savoie, 1 bataillon, commandant DUBOIS.

Cavalerie, 7e régiment de chasseurs à cheval, lieutenant-colonel X...

### DEUXIÈME BRIGADE.

Colonel VIVENOT (armée auxiliaire), capitaine (armée régulière).

Mobiles du Haut-Rhin, 2 bataillons, lieutenant-colonel DUMAS.

3e régiment de zouaves de marche, 3 bataillons, lieutenant-colonel DE BRÊME.

Artillerie, 2 batteries dont une de 12 (19e batterie du 12e, capitaine BOUSSARD ; 14e batterie du 8e, capitaine COLSON).

Génie, 1 compagnie (mobiles de la Loire).

Francs-tireurs de Bordeaux, capitaine FRANKE.

## TROISIÈME DIVISION D'INFANTERIE

### 7,900 *hommes.*

Général SÉGARD (armée auxiliaire), lieutenant-colonel (armée régulière).

Chef d'état-major, capitaine MALLET (armée auxiliaire).

Commandant de l'artillerie, chef d'escadron FAINE (armée régulière).

Commandant du génie, chef de bataillon CORD (armée régulière).

Intendant, M. GAUTHIER, sous-intendant militaire (armée régulière).

Ambulance du Midi, docteur SABATIER.

Prévôt, X...

### PREMIÈRE BRIGADE.

Colonel DUROCHAT (armée auxiliaire), chef de bataillon (armée régulière).

47e d'infanterie de marche, 3 bataillons, lieutenant-colonel, X...

Mobiles de la Corse, 2 bataillons, lieutenant-colonel PARAN.

### DEUXIÈME BRIGADE.

Colonel GIRARD (armée régulière).

78e régiment d'infanterie de ligne, 1 bataillon, DE SEIGNEURENS.

Mobiles des Pyrénées-Orientales, 2 bataillons, lieutenant-colonel DEVAUX.

Mobiles des Vosges, 2 bataillons, lieutenant-colonel DYONNET.

Mobiles de la Meurthe, 1 bataillon, commandant VERDELET.

Cavalerie, régiment de cuirassiers de marche, lieutenant-colonel CHEVALS.

Artillerie, 2 batteries dont une de 12 (18ᵉ batterie du 14ᵉ, capi-taine RENNE; 14ᵉ batterie du 10ᵉ, capitaine MENES).

Génie, 1 compagnie du génie auxiliaire de Chalon.

Francs-tireurs du Doubs, commandants CLÉSINGER et SAGE-VAU-DREY.

Francs-tireurs de Nice.

### RÉSERVE D'ARTILLERIE.

Lieutenant-colonel D'AUVERGNE.

1 batterie de mitrailleuses (21ᵉ batterie du 7ᵉ régiment).

2 batteries d'obusiers de montagne.

1 compagnie du génie (mobiles de Tours).

Parc d'artillerie, commandant DELAHAYE.

1 compagnie du 1ᵉʳ régiment du train.

L'artillerie était insuffisante. Elle n'avait pas même deux bouches à feu par mille hommes, et parmi ces pièces, 12 n'étaient que des obusiers de montagne.

Les cadres aussi étaient fort insuffisants, surtout dans les grades inférieurs; et dans la mobile qui formait à elle seule les trois quarts des troupes d'infanterie, ceux qui existaient n'avaient pas eu le temps de s'instruire. C'est ce manque de cadres de compagnie, indispensables pour diriger et maintenir de jeunes soldats au feu, qui a été la cause dominante de nos revers.

De tous mes officiers d'état-major et de ceux des divisions, deux seulement, et des meilleurs (MM. de Verdière et Berger), apparte-naient ou avaient appartenu à l'état-major général de l'armée ré-gulière. Presque tous les autres provenaient de cette troupe de jeunes hommes dite *les Quarante*, qui avaient quitté Paris pour aller dans les Vosges tenter de faire sauter le tunnel de Saverne. La trahison les avait empêchés de réussir, et c'est alors qu'ils avaient rallié l'armée du général Cambriels. C'étaient de braves jeunes gens, pleins d'entrain, intelligents, instruits, très-dévoués et très-fidèles : aussi leur ai-je gardé à tous mon meilleur souvenir.

Dans la mobile et dans les francs-tireurs, il y avait aussi beau-coup d'officiers et même de simples soldats appartenant aux rangs les plus élevés de la société, quelques-uns portant les plus grands

noms de France et qui avaient tout quitté, fortune, bien-être, fa-
mille, jeunes femmes, petits enfants, pour accourir à la défense du
sol national. C'étaient de braves cœurs, acceptant gaiement toutes
les misères et tous les dangers de la guerre, toujours prêts à tous
les sacrifices, et qui aimaient bien leur pays. Vive la patrie ! Elle
seule est grande et belle !

Le 16 novembre, il m'arriva à Chagny la 1re légion des mobilisés
du Rhône. Les hommes de cette légion avaient débuté à Ville-
franche par une révolte contre leurs officiers. On avait dû appli-
quer la loi martiale à trois des plus mutins. Cette exécution avait
produit un effet salutaire. Cependant le colonel, M. Celler, qui fut
tué plus tard au combat de Nuits, n'était pas très-rassuré. J'envoyai sa légion occuper et garder les ponts du Doubs et de la Loue,
depuis Verdun jusqu'à Besançon.

J'étais à Chagny depuis trois jours, et je ne recevais pas d'in-
structions. Il était évident que le 20e corps était à Chagny pour
couvrir Lyon : aussi avais-je disposé mes troupes en conséquence,
et fait étudier la vallée de la Saône en arrière, pour nous y atta-
cher et la défendre le plus longtemps possible, dans le cas où
l'ennemi, descendant à Dijon, nous chasserait de Chagny. Mais
quoique l'ennemi fût revenu à Dijon, il n'y était pas encore en
très-grande force, et en arrière, sur la ligne de Gray-Vesoul, aucun
mouvement important n'était signalé. Il n'en était pas de même
vers le nord-ouest. La rumeur publique annonçait que les têtes de
colonne de l'armée du prince Charles, devenue libre par la mortelle
capitulation de Metz, apparaissaient vers Montargis. Je télégraphiai
alors pour représenter que si l'objectif du 20e corps était Lyon, sa
place était à Chalon, où aboutissaient toutes les routes descendant
du nord sur la rive droite de la Saône ; que si, au contraire, j'avais
à défendre les passages de la Loire, j'en étais trop éloigné.

Vingt-quatre heures après, je recevais l'ordre de me rendre à
Gien en chemin de fer avec le 20e corps et la brigade Bonnet, de
faire rétrograder sur Lyon ce qui resterait de troupes, et de faire
sauter le tunnel de Chagny.

C'était une détermination bien grave pour tout l'est-sud de la
France, qui se trouvait ainsi abandonné et livré à lui-même, surtout
pour Lyon, où l'on était fort inquiet, malgré les grands préparatifs
de défense déjà faits. Et cependant cette détermination était ration-
nelle. Dès le moment où l'on s'était décidé à porter tout l'effort de la
défense nationale sur la Loire, et non sur les lignes de communication de l'ennemi, on était obligé d'aller jusqu'au bout dans cette
voie pour ne pas diviser cet effort.

J'envoyai immédiatement un de mes officiers à Lyon, pour
avertir le général commandant des ordres que je recevais, afin qu'il

prit ses précautions; et dès le soir même l'embarquement pour Gien commençait.

A Lyon, la nouvelle du départ de l'armée de Chagny fut fort mal reçue; on cria presque à la trahison; un de mes officiers fut arrêté comme espion allemand, sous le prétexte qu'il était blond et qu'il cherchait à acheter des cartes. C'est sans doute pour calmer et rassurer les Lyonnais que le restant des troupes de Chagny, qui devait rétrograder sur Lyon, fut maintenu à Chagny, et qu'on le renforça même quelques jours après.

Le 19 novembre au soir, le 20ᵉ corps et la brigade Bonnet étaient en entier à Gien. Les deux premières divisions étaient campées sur la rive gauche, et la 3ᵉ division sur la rive droite, un peu en arrière de la gare, disposée pour défendre Gien si l'ennemi approchait. Le vieux château, l'enceinte du cimetière et quelques grosses constructions devaient servir de tête de pont, et, pour parer à tout événement, le pont, qui était en pierre, fut miné.

L'ennemi était en effet à Montargis, et une de ses colonnes menaçait Briare. La brigade Perrin, du 18ᵉ corps, barrait la route de Montargis à Gien; une autre brigade, sous les ordres du général Hainglaise, occupait les villages de Gien à Bellegarde. Je fis occuper Briare par la brigade Brisac, du 20ᵉ corps, et le bois en avant par des mobilisés de Montargis qui avaient abandonné leur ville à l'approche des Allemands.

Il était temps, grand temps que le 20ᵉ corps arrivât à Gien dès le 18. Il est fort probable que si le prince Charles, en avançant vers Montargis le 16, avait su que Gien et son pont n'étaient gardés que par une division en formation, il serait venu sur Gien, s'en serait emparé, et, descendant de là sur Orléans par la rive gauche, il aurait pris à revers l'armée de la Loire, pendant que le duc de Mecklembourg, qui était à Janville et Orgère, l'aurait contenue sur son front : l'armée de la Loire aurait dû alors gagner au plus vite Blois ou Vendôme, et le gouvernement abandonner Tours. Mais l'ennemi, qui n'avait pas su ou pas osé, avait continué sa route en avant sur Pithiviers, et c'est ce qui permit au 20ᵉ corps d'arriver à temps, au 18ᵉ de se former et d'arriver à son tour à Gien, et à l'armée de la Loire de se maintenir quinze jours de plus dans la forêt d'Orléans.

De tout cela il faut conclure que, contre un ennemi venant de l'est, l'armée de la Loire aurait été beaucoup mieux placée à Gien qu'à Orléans. De Gien, cette armée aurait pu aussi déboucher plus facilement sur les communications de l'ennemi, et, avec un peu de réussite, débloquer Paris bien plus sûrement que par une marche directe sur la grande ville.

A Gien, je reçus, comme devant faire partie de mon état-major,

Crouzat.                                                    *

un capitaine anglais, M. Ogilvy. Il m'était adressé par M. Gambetta. C'était un homme jeune encore, fort intelligent, fort instruit, fort distingué, et qui aimait bien la France. Il fut tué quatre jours après au combat de Ladon, en menant au feu des mobiles de la Loire.

Le 20 novembre, une dépêche télégraphique de Tours annonça au 20e corps qu'à dater de ce jour il faisait partie de l'armée de la Loire. J'en fus très-heureux, et je le télégraphiai à M. le général d'Aurelle de Paladines. Il me semblait que cette armée, mise tout entière dans la main ferme et vigoureuse du vainqueur de Coulmiers, devait nécessairement se mouvoir et agir avec ensemble, et, à un moment donné, tenter quelque grand effort décisif. Mais il n'en fut rien. Mes ordres de mouvement continuèrent à m'arriver directement du délégué de la guerre. Je les communiquais au général d'Aurelle, qui du reste les recevait aussi de Tours. Il en fut ainsi jusqu'au jour de la retraite sur Orléans.

Le 20e corps continuait à couvrir Gien et Briare, et à s'éclairer au loin le plus qu'il était possible, lorsqu'il reçut, le 21 à 2 heures de l'après-midi, l'ordre de se transporter le lendemain aux Bordes, en passant par Ouzouer-sur-Loire. La direction ultérieure était Loury. La défense de Gien devait être laissée à la division La Pilatrie, du 18e corps. Il était prescrit au 20e corps de bien s'éclairer vers le nord, et en arrivant aux Bordes, de s'y retrancher fortement. Le lendemain 22, le mouvement sur les Bordes se fit bien, malgré le mauvais temps.

Le 22, à 11 heures du soir, le 20e corps reçut l'ordre de se transporter le lendemain 23 à Châtenay, sur les bords du canal d'Orléans. La direction n'était plus Loury, mais Bellegarde.

Sentant bien qu'une rencontre avec l'ennemi était très-prochaine, j'adressai à mes troupes cet ordre du jour :

« Officiers, sous-officiers et soldats,

« Les jours de bataille sont proches; préparez vos armes et vos « courages; c'est la lutte suprême que vous allez soutenir; il faut « vaincre !

« Depuis quatre mois notre pays, écrasé, ravagé, foulé aux pieds « par un envahisseur insolent et avide, crie vengeance et délivrance. « C'est à nous, ses enfants et ses soldats, à le délivrer et à le ven- « ger. Vive la France ! mes camarades ! la France grande, libre, glo- « rieuse, immortelle comme la victoire ! »

Plein d'enthousiasme, le 20e corps défila le lendemain matin devant moi aux cris de *Vive la France! Vive la République!* J'étais profondément ému ; j'avais bon espoir.

Le 23, au soir, le 20e corps était campé entre Châtenay et le canal.

Le 24 novembre, départ de Châtenay pour Bellegarde, où ma tête de colonne arriva à 9 heures du matin. Tout annonçait le voisinage de l'ennemi. La 1re division (général de Polignac) est dirigée sur Montliard ; la 2e (général Thornton) sur les collines de Fréville, à droite de la 1re ; la 3e (général Ségard) est placée à cheval sur la route de Ladon et sur les collines à droite de la 2e.

Pour m'éclairer et me couvrir, j'avais envoyé de Bellegarde un bataillon de mobiles de la Haute-Loire pour occuper Mezières, et deux autres bataillons, un du 44e de ligne et un de mobiles de la Loire, avec une section d'artillerie, pour occuper Ladon. Ces bataillons rencontrèrent l'ennemi très-nombreux sur ces deux points. Un violent combat s'engagea ; mes braves mobiles pénétrèrent et s'établirent dans Ladon et dans Mezières : mais l'ennemi, qui tenait beaucoup à la route de Montargis à Beaune-la-Rolande et Pithiviers, ne cessant pas d'envoyer de nouvelles forces, je ne jugeai pas prudent de livrer bataille sur un front aussi vaste et sur un terrain que je ne connaissais pas. Je fis donc rentrer mes deux bataillons, en protégeant leur retraite. Celui revenant de Ladon ne fut pas suivi, mais celui qui revenait de Mezières le fut jusqu'aux collines de Fréville, occupées par ma 2e division, que j'avais tenue sous les armes. Deux bataillons de mobiles du Haut-Rhin et un bataillon de zouaves, soutenus par le feu d'une batterie de 12, s'élancèrent au pas de course et à la baïonnette sur l'ennemi, qui fut rejeté très au loin et ne reparut plus.

Ces deux combats, commencés l'un et l'autre vers 11 heures du matin, avaient duré, celui de Ladon jusqu'à 3 heures, et celui de la route de Mezières jusqu'à 4 heures et demie. Ils m'avaient coûté 10 tués, dont deux officiers de la mobile, MM. de Latour-Maubourg et de Bussières, et une cinquantaine de blessés.

Le même jour, une rencontre avait eu lieu à Boiscommun, entre des lanciers de ma 1re division et des dragons hanovriens. Six dragons avaient été tués et plusieurs, dont deux officiers, avaient été faits prisonniers. Malheureusement, le lieutenant-colonel des lanciers, M. de Brasseries, voulant donner l'exemple à ses hommes et chargeant très en avant d'eux, avait été blessé et était resté aux mains de l'ennemi avec quelques-uns de ses lanciers.

En somme, la journée avait été bonne. Mes jeunes soldats avaient eu beaucoup d'élan, beaucoup d'entrain, et ils avaient assez bien soutenu le feu.

Cependant la position du 20e corps était un peu aventurée. L'ennemi était en grande force à Ladon, à Mezières, à Beaune-la-Rolande, à Boiscommun. Ma gauche était à six lieues de Chilleurs-aux-Bois, où était la 1re division de notre 15e corps. Redoutant une attaque pour le lendemain matin, je prescrivis à mes divisions de bien se retrancher partout sur leur front et de se garder avec soin.

Le surlendemain, 26 novembre, le 18e corps s'étant avancé de Gien sur Montargis, je fis immédiatement occuper Ladon par la brigade Hainglaise. Le colonel Girard, entraîné par trop d'ardeur, se lança imprudemment, avec quelques cavaliers, à la poursuite de l'ennemi et ne reparut plus ; ce jour-là, le 20e corps perdit un de ses plus braves soldats. D'autre part, ma 2e division ayant fait occuper Saint-Loup par deux compagnies, mes francs-tireurs purent s'étendre jusqu'à Boiscommun et Montbarrois et se relier avec ceux du colonel Cathelineau qui étaient dans les bois un peu en arrière de Nancray. Dès lors la position du 20e corps se trouva tout à fait dégagée.

Les 26 et 27 novembre, le 20e corps conserva ses positions bien retranchées et se prépara, ainsi qu'il en avait reçu l'ordre de Tours, à marcher sur Beaune-la-Rolande et Pithiviers.

Pour continuer sa marche en avant sur Beaune et Pithiviers, le 20e corps dut attendre que le 18e corps, qui devait concourir avec lui à cette grave opération, fût arrivé à Ladon. Ces deux jours permirent au 10e corps prussien, qui occupait Beaune et les villages environnants, de s'y retrancher fortement. L'ennemi avait de plus de grandes forces à Pithiviers ; mais la 1re division de notre 15e corps, forte de 25,000 hommes, étant à Chilleurs-aux-Bois, il y avait tout lieu de compter sur elle pour tenir au moins en échec les forces ennemies qui étaient dans Pithiviers. L'attaque du 20e corps sur Beaune, quoique promettant d'être rude, devait donc réussir, pourvu toutefois que le 18e corps, partant de Ladon, arrivât à temps pour attaquer et déborder Beaune par la droite, pendant que le 20e corps l'attaquerait de front et à gauche.

En conséquence, le 18e corps, mis sous ma direction stratégique, étant réuni le 27 au matin à Ladon, je prescrivis pour le lendemain 28, les dispositions suivantes :

· 20e corps. — A huit heures du matin, la 1re division, débouchant de Boiscommun, devait marcher sur Nancray, Batilly, Saint-Michel et Beaune ; la 2e division, débouchant de Montbarrois et Saint-Loup, devait marcher directement sur Beaune ; la 3e division devait aller se placer en réserve à Saint-Loup.

Le 18e corps, partant de Ladon à 7 heures, devait marcher sur Mezières, Juranville et Beaune. Afin de bien assurer sa marche sur Beaune, il lui était prescrit de faire occuper Lorcy par une brigade. Une autre de ces brigades, arrivant de Montargis, devait aller le remplacer à Ladon. Pour donner toute certitude à la marche du

18ᵉ corps, le bataillon du 78ᵉ régiment d'infanterie (de la 3ᵉ division du 20ᵉ corps) devait aller dès le matin s'établir à Mezières.

Ces dispositions écrites furent arrêtées à Bellegarde avec le commandant du 18ᵉ corps, le 27 au soir.

## BATAILLE DE BEAUNE-LA-ROLANDE.

Le 28, à 6 heures du matin, le bataillon du 78ᵉ se met en marche sous les yeux du général en chef et va occuper Mezières.

A 8 heures, le général en chef, qui s'était placé de sa personne à Saint-Loup, fait ouvrir le feu sur Beaune par une batterie de 12. A ce signal, la 1ʳᵉ division débouche de Boiscommun, précédée de nombreux tirailleurs, et se jette sur Nancray, Batilly, Saint-Michel. Dans ces deux derniers villages, la résistance est des plus vives, mais elle est vaincue, et la 1ʳᵉ division, après s'être reformée, s'avance sur Beaune malgré la fusillade et la canonnade, met ses canons en batterie et se dispose à l'assaut. Il était une heure.

En même temps que la 1ʳᵉ division sortait de Boiscommun, la 2ᵉ division, débouchant de Montbarrois et de Saint-Loup, lançait ses tirailleurs dans la plaine vers Beaune. Les deux bataillons du Haut-Rhin prennent le pas de course au son de leur musique, au cri de : « *En avant ! Vive la France !* » En un clin d'œil les avant-postes, les grand'gardes de l'ennemi sont repoussés, rejetés dans Beaune, et vers midi la 2ᵉ division tout entière, aidée de la batterie de 12 que j'avais fait descendre de Saint-Loup, enveloppe Beaune de ses feux.

C'est à ce moment que, selon toutes les prévisions, le 18ᵉ corps devait arriver. N'ayant pas de ses nouvelles, j'avais envoyé à 11 heures deux de mes officiers d'ordonnance (les capitaines Japy et Cardot) au-devant de lui. Ces officiers avaient rencontré le commandant du 18ᵉ corps près de Mezières, et il leur avait dit, en regardant l'heure à sa montre : « *Dites au général Crouzat qu'à midi et demi je serai dans Beaune.* » Il était une heure et rien ne paraissait. Cependant notre feu ne se ralentit pas ; le 20ᵉ corps va toujours se rapprochant de Beaune, gagnant du terrain, et à 2 heures le demi-cercle de feu n'était pas à plus de 500 mètres des maisons. Les zouaves de la 2ᵉ division (3ᵉ de marche), les mobiles des Deux-Sèvres, de la Savoie, du Haut-Rhin, mettent sacs à terre, et, entraînés, enlevés par leurs officiers et par le chef d'état-major de la 2ᵉ division, M. de Verdière, s'élancent à l'assaut. Ils pénètrent dans Beaune, s'engagent dans une de ses rues, mais impossible de s'y maintenir ; ils sont ramenés, laissant les abords de la ville couverts de leurs morts et de leurs blessés.

Malgré la plus vive fusillade, notre cercle de feu ne fait cependant que se resserrer, quoiqu'il s'exerce sur un ennemi à peu près invisible.

Il est 2 heures et demie, et je n'ai toujours pas de nouvelles du 18e corps. A tout événement, je fais descendre alors de Saint-Loup la 1re brigade de la 3e division. Je la place en réserve derrière un pli de terrain, à 600 mètres environ de Beaune, à cheval sur la route de Beaune à Bellegarde, et je me porte de ma personne au-devant du 18e corps, sur la route de Juranville. Je rencontre son chef sur cette route, à 3 kilomètres, ayant avec lui un escadron de cuirassiers. Je lui demande où est son corps d'armée. Il me répond qu'il arrive. Je le prie de se hâter, et je retourne devant Beaune. Il était 3 heures et demie.

A ce moment ma 1re division est vigoureusement attaquée sur son flanc gauche par une grosse colonne d'infanterie et d'artillerie qui arrivait de Pithiviers. La 1re division, général de Polignac, fait face à gauche, reçoit cette colonne par un feu d'infanterie et de mitrailleuses des plus violents, et après une lutte d'une heure presque corps à corps, la repousse, lui prend un de ses canons et la rejette en arrière; mais cet héroïque effort l'avait épuisée. — Le commandant de la 1re brigade, Boisson, était tué. — Il était 4 heures et demie.

Espérant encore dans un dernier assaut, je prends 3 compagnies des Pyrénées-Orientales et quelques zouaves ; je me mets à leur tête, à cheval avec mon escorte, je fais sonner la charge et nous courons sur Beaune. Nous arrivons jusqu'aux premières maisons, et là nous sommes accueillis par un feu à bout portant des plus intenses. — Les chevaux tressautaient devant la flamme rouge des fusils, les revolvers crépitaient..... Tout fut inutile..... La rue était barrée par une barricade en bois qui flambait, et je n'étais plus suivi que par quelques officiers. Il fallut revenir au point de départ, ce qui se fit au pas. Le chemin était couvert de mes pauvres mobiles et zouaves morts ou blessés. — La nuit était tout à fait venue.

A ce moment, le commandant du 18e corps apparut à côté de moi, en me disant que son corps arrivait. En effet, ses clairons sonnèrent la charge, mais ses soldats, d'ailleurs peu nombreux, ne voyant pas où ils tiraient, envoyèrent leurs balles sur mes propres troupes qui tiraillaient toujours contre Beaune. Ce fut la fin ! Craignant que cette méprise ne causât un affreux désastre dans un combat de nuit, j'envoyai l'ordre à mes divisions épuisées de reprendre leurs positions du matin, et au 18e corps de se rallier à Mezières.

L'ennemi était tellement épuisé, lui aussi, que non-seulement il ne nous suivit pas, mais qu'il se retira même un peu en arrière de Beaune, où il ne revint que le lendemain matin.

A minuit, le 20e corps était rentré dans ses positions. Il avait eu

1200 hommes tués ou blessés, 40 officiers, perdu quelques prisonniers ; mais il ramenait tous ses canons et ses caissons, et ses gibernes étaient vides.

Telle fut la bataille de Beaune-la-Rolande. Livrée par le 20ᵉ corps seul, elle avait commencé à 8 heures du matin et duré jusqu'à 5 heures et demie du soir. Si ce ne fut pas un succès, ce ne fut pas du moins un revers, car l'ennemi y fit, de son propre aveu, autant de pertes que nous, et il laissa un de ses canons entre nos mains.

Ce qui avait empêché le 18ᵉ corps d'arriver vers midi comme cela était convenu, et comme il en avait reçu l'ordre, c'est que l'arrière-garde qu'il avait laissée à Juranville avait été surprise, et ce village repris par l'ennemi. Le 18ᵉ corps avait dû alors rétrograder pour reprendre Juranville et se dégager. De là une suite de petits combats qui avaient retenu le 18ᵉ corps loin de Beaune, son objectif essentiel, et où sa présence était indispensable.

D'autre part, l'ennemi avait pu recevoir de grands renforts de Pithiviers, malgré la présence à Chilleurs-aux-Bois de la 1ʳᵉ division du 15ᵉ corps. Cette division avait cependant entendu pendant toute la journée le canon du 20ᵉ corps.

Quelques-uns ont reproché au commandant du 20ᵉ corps de ne pas avoir brûlé Beaune. Ceux-là oublient que Beaune est une ville française, et qu'il aurait suffi de l'arrivée, pendant le jour, d'une seule division du 18ᵉ corps pour faire tomber cette ville entre nos mains.

Durant la bataille, les francs-tireurs du colonel Cathelineau avaient été très-utiles au 20ᵉ corps en le couvrant du côté de Nancray.

Pendant la nuit, le général d'Aurelle *m'engagea*, par dépêche, à conserver mes positions, et le lendemain 29, le délégué de la guerre se déclarant très-satisfait de la vigoureuse pointe poussée par les 18ᵉ et 20ᵉ corps sur Juranville et Beaune-la-Rolande, qui avait pleinement atteint le but en arrêtant les mouvements tournants de l'ennemi sur le Mans et Vendôme, prescrivait au 20ᵉ corps de se rapprocher de Chilleurs-aux-Bois en occupant Chambon et Nibelle, et au 18ᵉ de se replier sur Ladon et Bellegarde.

En conséquence et pour assurer tout d'abord mes positions de Boiscommun, Montliard et Bellegarde, je fis occuper fortement Saint-Loup dès le 29 au matin par une de mes meilleures brigades, et Boiscommun par trois bataillons et une batterie d'artillerie que le général Martin des Pallières avait bien voulu mettre à ma disposition. Le 30, dès 8 heures du matin, le 20ᵉ corps exécuta son mouvement à gauche sur Nesploy, Nibelle et Chambon. Le 18ᵉ corps le remplaça à Montliard et Bellegarde.

La brigade qui avait été établie à Saint-Loup y fut attaquée dès le

29 par des forces très-supérieures, surtout en artillerie, et, après une vive résistance, obligée de se replier sur Montbarrois et Boiscommun. Cette brigade se croyant menacée d'être enveloppée et enlevée à Boiscommun par des forces décuples, je dus l'autoriser à rejoindre pendant la nuit suivante sa division à Nibelle.

A la suite des combats de ces six derniers jours et des longues marches qui les avaient précédés, le dénûment et la fatigue du 20e corps étaient grands. Il avait perdu beaucoup d'officiers; quelques-uns de ses bataillons avaient encore des vêtements en toile; la chaussure, le campement, les havresacs manquaient presque complétement. Le général commandant en chef crut devoir demander au délégué de la guerre, dont il recevait directement les ordres de mouvement, quelques jours de repos pour se refaire. Il lui fut répondu par une dépêche des plus blessantes. Cependant quelques effets d'habillement furent envoyés, et c'était là l'essentiel.

Le 20e corps resta dans ses positions de Nibelle, les 1er, 2 et 3 décembre. Le général en chef reçut à Nibelle la visite du général Bourbaki, qui venait prendre le commandement supérieur des 18e et 20e corps.

Le 3, vers midi, ayant entendu le canon vers Courcy, j'y envoyai une brigade qui trouva ce point inoccupé. Cette brigade y resta.

## RETRAITE SUR ORLÉANS ET SUR BOURGES.

Le 3, dans la nuit, le 20e corps reçut l'ordre du général Bourbaki de battre en retraite le lendemain matin sur Orléans.

Le 4 décembre, dès 4 heures, les trois divisions du 20e corps se mettent en retraite sur Orléans par trois routes qui convergeaient sur Fay-aux-Loges. Arrivé à Fay vers 2 heures de l'après-midi, j'y appris que l'armée allemande était devant Orléans. L'ennemi m'avait suivi à distance depuis Chambon et Nibelle. Il fallait prendre un parti. Je réunis mes généraux, je leur exposai la gravité de la situation, et je leur dis que j'étais décidé à tenter de m'ouvrir un chemin jusqu'à Orléans. Cela fait, j'envoyai mes *impedimenta* de toute nature passer la Loire à Jargeau, avec l'ordre de venir me rejoindre à Orléans par la rive gauche; puis, mettant en bon ordre sur la route les trois divisions d'infanterie avec leur artillerie, nous nous dirigeâmes d'un pas bien soutenu sur Orléans. Les deux régiments de cavalerie nous éclairaient en avant et à droite. La 3e division (général Ségard) tenait la tête de colonne.

Jusqu'à 2 kilomètres de Pont-aux-Moines, rien de particulier n'apparut; mais à ce moment quelques éclaireurs ennemis me furent signalés. Nous continuâmes néanmoins notre marche. La 1re brigade de la 3ᵉ division franchit Pont-aux-Moines. A 1 kilomètre au delà, la tête de colonne est assaillie par une très-vive et très-meurtrière fusillade partant des vignes qui couvrent la côte. Le 47ᵉ se déploie rapidement, riposte, repousse l'ennemi, le suit jusqu'au haut de la côte, mais là la route est barrée, et le 47ᵉ aperçoit toute l'armée allemande devant lui. N'étant pas assez fort pour renverser un pareil obstacle, et me sachant suivi depuis Chambon, je prescrivis aux 1ʳᵉ et 2ᵉ divisions de gravir à gauche la ligne des collines qui sépare Pont-aux-Moines de Jargeau, et à la 3ᵉ de suivre le mouvement toujours en combattant.

Ces mouvements s'exécutèrent très-bien, sans trouble, sans désordre aucun, et à six heures du soir, tout le 20ᵉ corps était réuni à Saint-Denis, devant Jargeau, et commençait à passer la Loire sur le pont suspendu qui relie Saint-Denis à Jargeau. Le passage dura toute la nuit. Le pont était à moitié rompu, couvert de neige ; la Loire charriait d'énormes glaçons et le froid était glacial. Les canons et les caissons passèrent lentement, un par un, et les hommes sur deux files. — Le pont résista. — Pendant ce temps, la 3ᵉ division, qui avait continué à tenir l'arrière-garde, était formée en bataille sur les hauteurs un peu en arrière, ses canons en batterie enfilant et battant d'écharpe la route d'Orléans ; je m'attendais à la voir attaquée à chaque instant : il n'en fut rien. La 3ᵉ division passa à son tour, et à huit heures du matin le 20ᵉ corps était en entier sur la rive gauche et le pont tout à fait coupé. Presque aussitôt des cavaliers ennemis se montraient sur l'autre rive.

A dix heures, le 20ᵉ corps était dirigé par ordre sur Viglain, où il couchait. Le lendemain, 6 décembre, il arrivait à Argent, et après un séjour de deux jours à Argent, il atteignait Bourges le 9 décembre. Le lendemain, les 15ᵉ et 18ᵉ corps y arrivaient aussi.

L'ennemi étant à Vierzon, le 20ᵉ corps fut chargé de couvrir Bourges de ce côté.

Le 12, les trois corps, sous les ordres du général Bourbaki, se portèrent en avant vers Allogny. Le but était d'arrêter la marche d'une colonne ennemie qui, descendant d'Orléans par la rive gauche, voulait aller occuper Blois et tourner par là l'aile droite du général Chanzy. Cette démonstration ayant produit le résultat désiré, les trois corps vinrent de nouveau s'établir autour de Bourges.

L'armée de la Loire ayant été constituée sur de nouvelles bases, je dus remettre le commandement du 20ᵉ corps à M. le général Clinchant, qui revenait d'Allemagne, et aller à Lyon prendre le commandement de la 8ᵉ division militaire.

Tel fut le rôle du 20ᵉ corps à l'armée de la Loire.

Le 20ᵉ corps était brave, discipliné, patriote. Officiers et soldats avaient le sentiment simple et unique du devoir. Aussi ne s'est-il jamais livré à aucun de ces mouvements désordonnés qui étaient alors si fréquents. Il a toujours marché avec ordre et ensemble. Depuis les Vosges et Besançon jusqu'à Beaune-la-Rolande, et de là jusqu'à Bourges, Héricourt et Pontarlier, nul n'a plus souffert et plus combattu que lui pour la patrie envahie. Qu'il s'en souvienne! et que ce souvenir soit sa consolation et sa récompense.

Général CROUZAT.

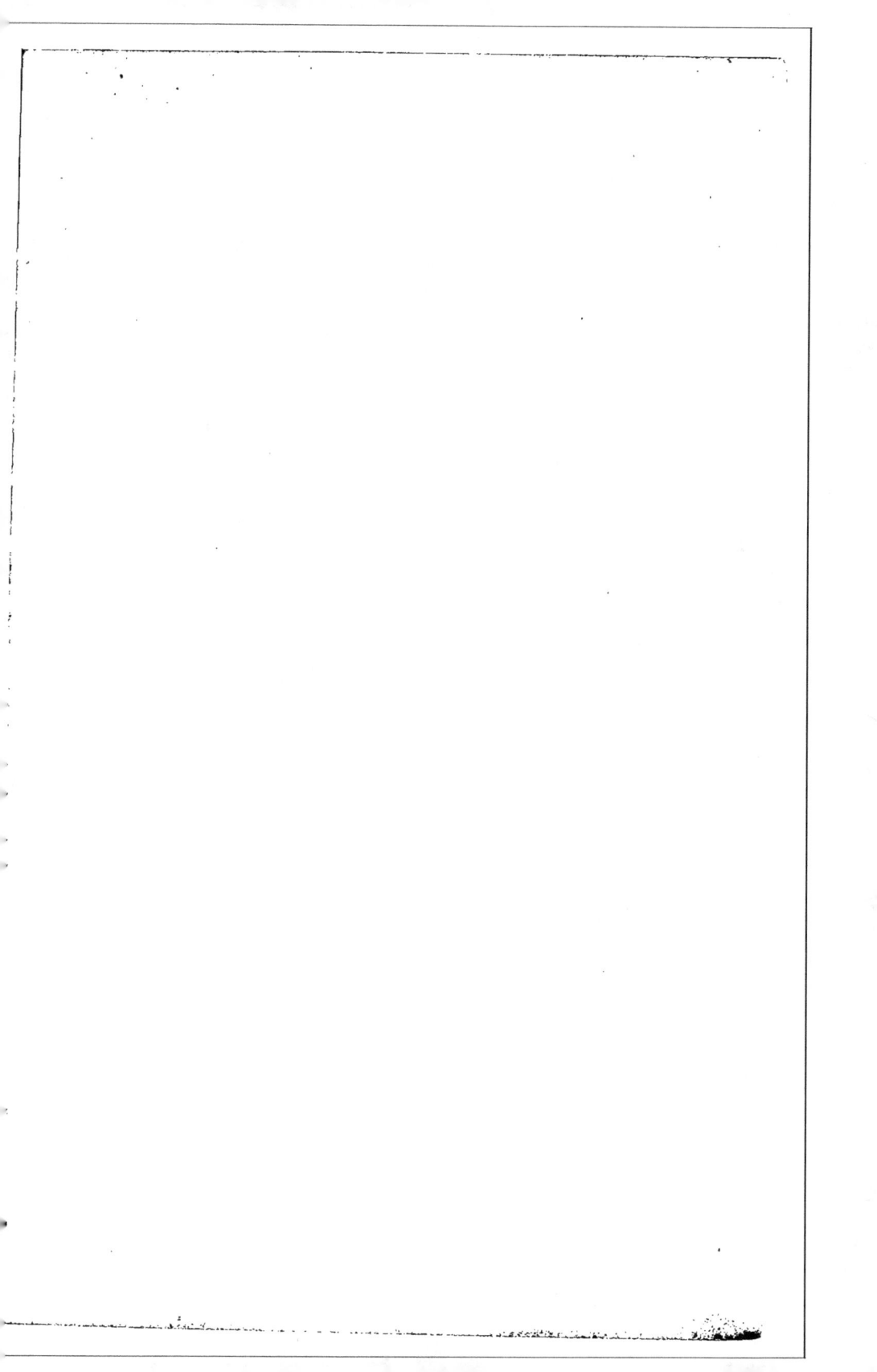

www.ingramcontent.com/pod-product-compliance
Lightning Source LLC
Chambersburg PA
CBHW060717280326
41933CB00012B/2458